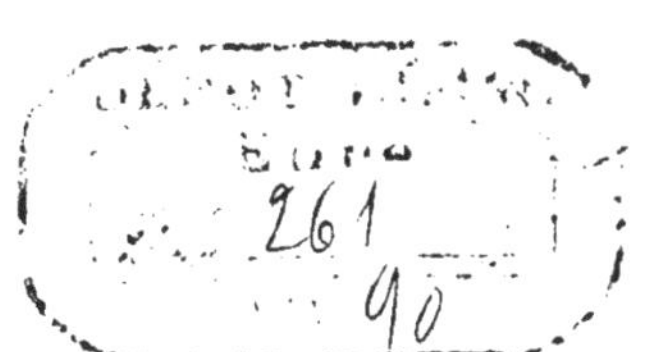

DISCOURS

PRONONCÉS

AU BANQUET DU 21 JUIN 1890

OFFERT

PAR SES ÉLÈVES ET AMIS

A M. LE Dr CADET DE GASSICOURT

A L'OCCASION

De son élection à l'Académie de Médecine

ET

PRÉSIDÉ PAR

M. LE Dr DUJARDIN-BEAUMETZ

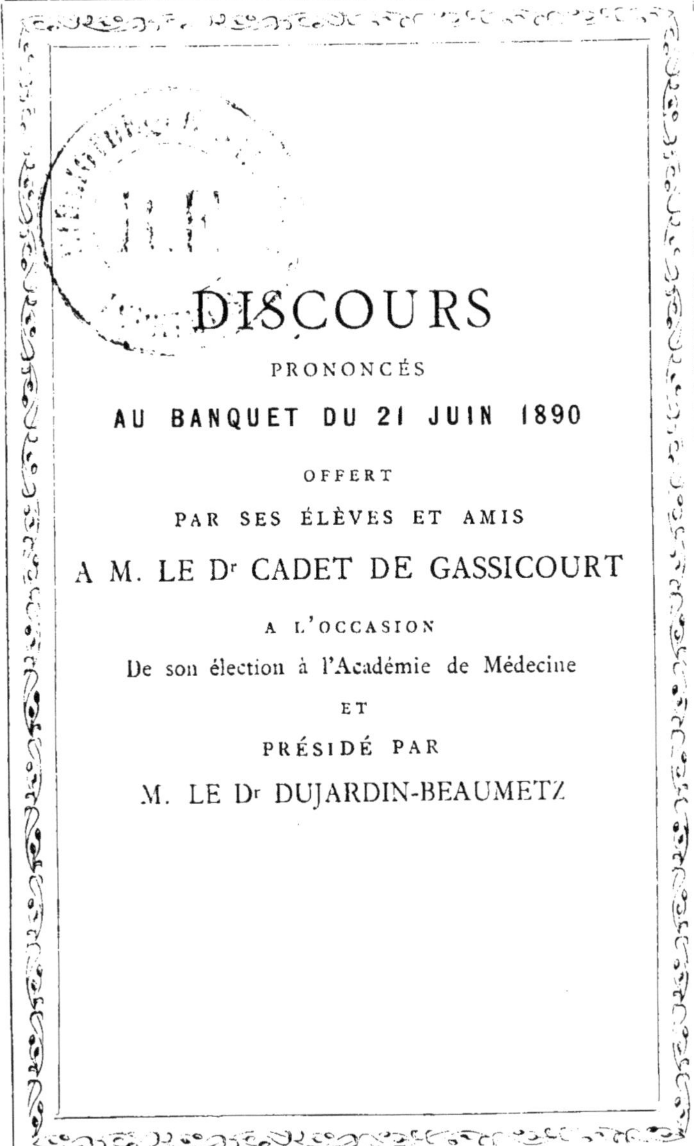

DISCOURS

PRONONCÉS

AU BANQUET DU 21 JUIN 1890

OFFERT

PAR SES ÉLÈVES ET AMIS

A M. LE Dr CADET DE GASSICOURT

A L'OCCASION

De son élection à l'Académie de Médecine

ET

PRÉSIDÉ PAR

M. LE Dr DUJARDIN-BEAUMETZ

DISCOURS

PRONONCÉS

AU BANQUET DU 21 JUIN 1890

OFFERT

PAR SES ÉLÈVES ET AMIS

A M. LE Dr CADET DE GASSICOURT

A L'OCCASION

De son élection à l'Académie de Médecine

ET

PRÉSIDÉ PAR

M. LE Dr DUJARDIN-BEAUMETZ

Le Banquet a eu lieu dans la grande salle du restaurant Marguery.

Etaient présents :

MM.

ALDIBERT.

BALZER.

BEAUSSE.

BERGER.

BITTERLIN.

BOURDEL.

BRAULT.

MM.

CADET DE GASSICOURT (Félix).

CARRON DE LA CARRIÈRE.

CAUSSADE.

CHAPUT.

COMBY.

MM.	MM.
Darier.	Laffitte.
Desnos.	De Larauza.
Doin.	Leprévost.
Dujardin-Beaumetz.	Leseigneur.
Dusaussay.	Letulle.
Fouquet.	Liandier.
Gampert.	Michel-Dansac.
Galliard.	Pescher.
Gouverné.	Poignard.
D'Heilly.	Roger.
Heinz.	Rosapelly.
Hirne.	Rossignol.
Huchard.	Schwartz.
Journault (Léon).	Sevestre.
Journault (Ernest).	Terrillon.
Karth.	Tripet.

Se sont excusés : MM. Bucquoy, Motet, Revilliod et Saint-Germain.

Au dessert, M. le docteur Dujardin-Beaumetz, membre de l'Académie de Médecine, a pris la parole et prononcé le toast suivant :

Messieurs,

Nous fêtons aujourd'hui dans ces agapes la réception de notre ami Cadet de Gassicourt à l'Académie.

Il y a longtemps que pareille fête eut dû avoir lieu, seulement les places sont rares à l'Académie et c'est toujours malheureusement à travers le deuil d'un collègue regretté que nous célébrons l'arrivée d'un nouveau collègue.

Si j'étais plus vieux et si surtout j'avais l'autorité nécessaire, je pourrais vous parler des titres scientifiques du nouvel académicien ; je vous entretiendrais de ses nombreux travaux et surtout de ses belles leçons sur la pathologie infantile qui lui ont acquis une si juste et si légitime renommée et l'ont placé à la tête des médecins qui s'occupent particulièrement des maladies de l'enfance. Ces titres sont assez nombreux pour que nul choix n'honore plus notre Académie que celui qui vient d'être fait.

Si j'étais plus jeune, je vous vanterais le dévouement du professeur, la clarté de son enseignement et l'affection dont il entoure ses élèves. Vous entendrez tout à l'heure des voix plus autorisées que la mienne qui vous diront ce qu'est le maître.

Mais, si je ne suis pas assez vieux pour parler du savant et pas assez jeune pour vous entretenir des qualités du professeur, je suis absolument compétent pour vanter ici l'homme, le médecin et l'ami.

Homme de devoir, patriote ardent, d'un libéralisme éclairé, médecin consciencieux, doux et compatissant pour les plus humbles et les plus pauvres, d'une loyauté et d'une probité impeccables, ami dévoué et sur lequel on peut toujours compter, Cadet de Gassicourt est tout cela et c'est pourquoi nous sommes aujourd'hui assis en si grand nombre autour de cette table.

Permettez-moi en terminant de joindre au toast que je vais porter un autre toast à la personne que nous regrettons de ne point voir assise à cette table, à la digne compagne de notre ami, qui a partagé tous ses labeurs et toutes ses joies ; puisqu'elle a été à la peine, elle devrait être ici à l'honneur.

Aussi, Messieurs, je vous propose de lever deux fois vos verres au nouvel académicien, au docteur Cadet de Gassicourt, à Madame Cadet de Gassicourt.

Toast de M. le docteur Michel-Dansac, président de la Société Médico-pratique.

MESSIEURS.

La Société Médico-pratique a demandé à offrir à notre cher collègue, le docteur Cadet de Gassicourt, l'hommage de ses félicitations à l'occasion de sa nomination à l'Académie de Médecine. L'honneur de vous les apporter m'est échu, bien qu'il appartienne de droit au docteur Huchard, notre président d'honneur, qui, mieux que moi, vous eût dit le frémissement de joie que nous avons tous éprouvé en recevant la nouvelle de cette nomination à laquelle nous devons la touchante réunion de ce soir.

Heureusement la tâche m'est rendue bien facile, outre qu'elle m'est doublement agréable, n'ayant à vous parler que le langage du cœur. Je ne vois, en effet ici, que des amis de notre cher collègue; tous les cœurs à son sujet battent à l'unisson; et tous, nous sommes unanimes pour dire qu'il l'a bien conquis ce siège à l'Académie et et qu'il l'a obtenu enfin, parce qu'il était le plus savant comme il était le plus modeste.

Qu'il veuille bien, notre cher et très aimé collègue, recevoir, au nom de tous les membres de la Société Médico-pratique, nos félicitations les plus vives, les plus chaleureuses et les plus cordiales.

Je bois à la santé du docteur Cadet de Gassicourt.

Toast de M. le docteur Balzer, médecin des hôpitaux :

Mon cher maître,

C'est au nom de vos anciens élèves que je me lève, pour vous exprimer la joie que nous avons tous ressentie à l'annonce de votre nomination à l'Académie de Médecine. Nous avons été les témoins de vos années les plus laborieuses et nous avons assisté aux leçons qui ont servi de prélude à votre œuvre la plus importante, à celle qui vous a conduit à l'Académie de Médecine.

A ce propos, je ne ferai que répéter ce que d'autres ont pensé et dit comme moi, c'est que votre *Traité clinique des Maladies de l'enfance* représente l'ouvrage le plus important qui ait été publié depuis le *Compendium* de Rilliet et Barthez.

J'ajouterai aujourd'hui qu'il est venu à son heure : il faut, en effet, que le labeur de chaque génération médicale trouve au moment voulu un interprète qui établisse la résultante bien mûrie des efforts de tous les travailleurs. Ce livre que notre génération était en droit d'attendre, c'est vous qui l'avez fait. Et, Messieurs, le succès qui l'a si justement salué ne sera pas éphémère, parce que son auteur a été de ceux qui d'emblée ont su entrer avec enthousiasme dans les idées nouvelles, et qui, sans s'attarder dans des discussions inutiles, ont accepté simplement les faits et en ont tiré promptement et sûrement toutes les conséquences qui devaient conduire au progrès pratique. Aussi avons-nous pu regretter que le lendemain de l'achèvement d'une telle œuvre n'ait pas été le jour choisi pour la haute distinction que nous aurions voulu fêter plus tôt.

Mais si l'Académie a un peu tardé à vous ouvrir ses portes, mon cher maître, reconnaissons qu'elle a su les ouvrir largement et qu'elle ne vous a pas marchandé sa majorité. Il ne pouvait en être autrement : l'Académie aurait manqué une occasion de récompenser à la fois la fidélité à la profession et au travail scientifique. Vos collègues, en tant que médecins, se devaient à eux-mêmes d'ajouter un éclat nouveau à un nom scientifique déjà si dignement porté et que des liens de parenté associent encore à d'autres noms illustres, à ceux d'Antoine Dubois, de Ferrus, de Béclard, de

Richard. Votre élection, c'est une nouvelle consécration des belles traditions d'une famille médicale, traditions que vous avez su élever plus haut encore et qui. nous en avons plus que l'espérance, resteront après vous un patrimoine inaliénable.

Voilà, mon cher maître, ce que nous pensons tous, mais nous pensons autre chose encore et la présence de tous les amis qui vous entourent vous en dit plus long que je ne saurais dire; pourtant avant de terminer, je crois encore devoir vous remercier au nom de tous ceux qui, comme moi, ont sans cesse trouvé vos conseils, vos encouragements, votre affection, votre appui jamais lassé, et aussi l'accueil toujours si cordial de votre maison. Leur pensée se reportera avec la mienne vers celle qui a été votre soutien dans les luttes de la vie médicale, et leur souvenir se reportera vers elle avec une égale reconnaissance.

Messieurs, je vous demande de souhaiter avec moi longue vie et prospérité à notre cher maître, M. le docteur Cadet de Gassicourt, membre de l'Académie de Médecine.

Toast de M. Aldibert, interne à l'hôpital Trousseau :

MON CHER MAÎTRE,

Des voix plus autorisées que la mienne nous ont montré tout l'éclat de votre brillante carrière médicale; elles ont applaudi à son digne couronnement, à ce juste choix qu'a fait l'Académie en vous appelant parmi ses membres. Je viens seulement au nom de vos jeunes élèves vous exprimer toute la part que nous prenons à cette nouvelle distinction qui nous honore tous; vous dire combien nous avons été heureux de pouvoir nous associer à cette fête pour vous apporter nos modestes félicitations. Nous venons tous surtout témoigner notre plus vive reconnaissance au maître auprès duquel nous avons toujours trouvé un enseignement si éclairé, un dévouement si absolu et une affabilité toujours toute paternelle.

Toast de M. le docteur Henri Huchard, médecin de l'hôpital Bichat :

Excusez-moi, Messieurs, de mêler à mon toast un souvenir tout personnel.

Il y a près de trois ans — vous vous en souvenez ? cher maître et ami, — une petite fille de 2 ans et demi, la plus charmante des enfants (croyez-en, Messieurs, ma fierté paternelle), était tombée malade d'une fièvre typhoïde. Le père, médecin — beaucoup plus père que médecin — avait perdu la tête. Il était bien excusable, car la maladie était d'une gravité exceptionnelle. Mais il lui était resté assez de tête pour lui permettre d'avoir encore une bonne inspiration : celle d'appeler à son secours l'homme de cœur et de dévouement dont nous fêtons aujourd'hui l'élection à l'Académie. Après des complications sans nombre, la charmante enfant guérit... ou plutôt, c'est vous, mon cher maître et ami, qui l'avez sauvée !

Eh bien, Messieurs, ne vous semble-t-il pas que j'aie qualité pour prendre la parole au nom des petits malades que notre cher académicien a soignés avec tant de science et de dévouement, au nom des mères qu'il a si souvent consolées, au nom des papas bien heureux et toujours si fiers de parler de leurs enfants aimés ?

Les bébés roses ne savent pas ce qu'est un académicien ; ils ne comprennent pas pourquoi nous fêtons aujourd'hui une élection, ce juste et tardif hommage rendu à l'honorabilité professionnelle, à l'honnêteté scientifique, à la science comme au dévouement.

Mais, je sais plus d'une mère — j'en sais au moins une — qui, ce soir, peut-être à l'heure même où je parle, laissera battre son cœur à l'unisson du mien pour dire à sa petite fille, à qui elle enseigne les grandes pensées de la reconnaissance :

« Tiens, mon enfant, tapote tes deux petites menottes pour applaudir ; car c'est aujourd'hui la fête d'un grand médecin. Mieux encore : c'est la fête d'un bon médecin, d'un homme essentiellement bon ! »

Comme les bébés roses et avec les mères, applaudissons !... Levons nos verres et élevons nos cœurs pour vous souhaiter, mon cher maître et ami, une vie longue, heureuse comme vous la méritez, une vie toujours honorée !

Discours de M. Léon Journault, sénateur de Seine-et-Oise :

MESSIEURS.

J'invoque ici, pour prendre la parole au milieu de vous, un titre qui m'est tout spécial et dont je m'honore, sans m'en vanter : Je suis le plus ancien camarade, le plus ancien ami de celui que nous fêtons. Notre amitié est née sur les bancs du collège; nous nous traitions en frères et nous nous traitions de frères, bien avant que ce nom eût reçu la consécration officielle. Ce temps est loin, hélas ! mais le temps n'a pas eu de prise sur notre amitié ! Elle ne s'est jamais lassée ni démentie

Je me souviens qu'aux premiers jours de notre

jeunesse nous fîmes ensemble, le sac sur le dos, un voyage à pied à travers les montagnes de la Suisse. Ce voyage, nous l'avons continué toute notre vie. Nous avons en effet, dans la vie, marché sans cesse côte à côte, sans nous quitter jamais, portant chacun notre fardeau, mais nous soutenant du regard et de la main, quand la fatigue était extrême ou le chemin trop difficile.

Te voici maintenant, cher frère, parvenu à la plus haute cime et tu peux te retourner pour regarder derrière toi la route parcourue; regarde-la sans crainte : toutes les étapes en sont marquées par les préoccupations du travail et du devoir.

Laisse-moi donc te féliciter ou plutôt te remercier, car à te voir entouré de si vives et de si touchantes sympathies, ta famille, que je représente ici, éprouve une joie fière. Et quand je parle au nom de ta famille, je ne parle pas seulement au nom de ceux qui, après t'avoir suivi pas à pas dans ta laborieuse carrière, applaudissent aujourd'hui à tes succès; je parle aussi, et tu le comprends, au nom de ceux, disparus trop tôt, dont les noms se pressent en ce moment dans ta mémoire et dans ton cœur.

Il y a dans les familles un patrimoine d'honneur

et d'estime que les générations se transmettent; celui que tes pères t'ont légué, ce capital accumulé par leurs courageux efforts ne s'amoindrira pas entre tes mains, et c'est de quoi nous te remercions et de quoi nous sommes fiers, heureux de nous sentir associés à ton œuvre par la solidarité d'une tendre et profonde affection.

A mon cher beau-frère !

Au docteur Cadet de Gassicourt !

RÉPONSE

DE

M. LE Dr CADET DE GASSICOURT

MES CHERS AMIS,

Je ne vous cacherai pas que je suis profondément ému. Je m'attendais à vous faire un discours gai, un discours humoristique, et je m'aperçois que j'ai les yeux remplis de larmes. C'est votre faute, à vous tous qui avez prononcé des paroles si cordiales et si émouvantes qu'elles m'ont fait perdre mon sang-froid.

Pourtant, je veux remercier d'abord les organisateurs de ce banquet, Messieurs Balzer et Dusaussay, qui, par les limites imposées à leurs invitations, ont su lui conserver un caractère intime et en quelque sorte familial. Le mot est même plus juste encore peut-être que vous ne le croyez, car ces Messieurs, par une inspiration délicate et touchante, ont voulu associer ma chère femme à cette fête, en lui envoyant, en votre nom à tous, un magnifique bouquet.

Maintenant, mon cher Beaumetz, permettez-moi de m'étonner un peu de vos paroles. Vous avez, il est vrai, fait mon éloge en excellents termes; vous avez rappelé, peut-être avec trop de complaisance, mes titres à l'Académie; vous avez enfin, comme Balzer et Dusaussay, fait intervenir le souvenir de ma femme dans votre discours, et j'en suis bien heureux : mais comment vous, dont chacun admire la mémoire, vous qui avez la faculté prodigieuse de retenir et de prononcer sans la moindre hésitation les mots les plus compliqués, je dirai même les plus barbares de la chimie moderne, comment avez-vous pu oublier la grande part que vous avez prise à mon élection, non seulement par votre vote, mais encore et surtout par l'influence légitime que vous exercez sur vos collègues ?

Vous, mon cher Balzer, vous avez parlé de mes ouvrages, vous en avez apprécié et fait ressortir les mérites. Je suis bien forcé d'accepter vos éloges, car, en les refusant, j'aurais l'air d'infirmer le choix de l'Académie. — Mais laissez-moi vous rappeler que, vous aussi, vous avez commis un oubli : vous n'avez pas dit combien vous m'aviez aidé dans mes travaux sur la broncho-pneumonie, par vos excellentes recherches anatomo-pathologiques. Elles sont consignées dans votre thèse, que tout le monde a lue, que tout le monde se rappelle, excepté vous.

Vous, mon cher Huchard, vous faites l'éloge de mon cœur et de mon dévouement ; vous dites les services que je rends aux confrères qui m'appellent auprès de leurs enfants. Eh bien, oui, mon cher ami, je n'en disconviens pas, je vous ai rendu service. — Avec vous j'ai été heureux. Hélas ! je ne l'ai pas toujours été avec d'autres. Mais enfin, votre petite fille a guéri, et vous m'en êtes reconnaissant. — Mais comptez-vous pour rien l'honneur que me font mes confrères, mes collègues, lorsqu'ils me confient la santé de leurs enfants, c'est-à-dire de ce qu'ils ont de plus cher au monde ? Et croyez-vous que la confiance qu'ils me témoignent ainsi ne me paie pas, et au delà, de la peine que je me donne ?

A vous enfin, mon cher Monsieur Michel-Dansac, à vous aussi, mon cher Aldibert, j'adresse mes remerciements pour les paroles que vous avez prononcées, l'un comme président de la Société Médico-pratique, l'autre au nom de mes élèves actuels.

Cela dit, Messieurs, je bois à vous tous, à vous qui êtes ici et qui m'entourez, venus de tous les coins de Paris, venus de plus loin encore, car j'en sais un qu'une distance de 60 lieues n'a pas effrayé. Je bois aussi à ceux qui sont restés, malgré eux, éloignés de nous, soit à cause d'un deuil récent, comme mon vieil ami Bucquoy, que j'aurais été heureux de voir au milieu de nous, soit à cause de la distance trop grande ou des devoirs professionnels.

A ce propos, laissez-moi vous dire que j'ai reçu deux télégrammes de Genève, un du docteur Eugène Revilliod, un second du docteur Golay, mes anciens internes, tous deux remplis de félicitations amicales et chaleureuses. J'ai reçu aussi une lettre de mon bon ami Motet, lettre charmante comme tout ce qu'il pense et tout ce qu'il écrit, où il m'explique qu'un malade grave l'a empêché de venir me serrer la main aujourd'hui.

Mais je ne t'oublie pas non plus, cher frère.

Comme toi, je me rappelle nos années de jeunesse, la communauté de nos idées, de nos sentiments, de nos enthousiasmes. Je n'ai garde d'oublier comment, étant mon ami, tu es devenu mon frère, et je t'associe dans mon cœur avec ta femme, avec ma chère sœur, celle que nous avons perdue, celle que tu désignais tout à l'heure sans la nommer, celle dont nous gardons tous deux la mémoire.

Je bois à toi, mon cher frère.

Messieurs, je bois à vous tous.

www.ingramcontent.com/pod-product-compliance
Ingram Content Group UK Ltd.
Pitfield, Milton Keynes, MK11 3LW, UK
UKHW021039260726
13994UKWH00005B/2250

9 782329 522968